BEI GRIN MACHT SICH WISSEN BEZAHLT

- Wir veröffentlichen Ihre Hausarbeit,
  Bachelor- und Masterarbeit

- Ihr eigenes eBook und Buch -
  weltweit in allen wichtigen Shops

- Verdienen Sie an jedem Verkauf

Jetzt bei www.GRIN.com hochladen
und kostenlos publizieren

Mirko Gropp

David Hume "Dialoge über natürliche Religion"

GRIN Verlag

Bibliografische Information der Deutschen Nationalbibliothek:

Die Deutsche Bibliothek verzeichnet diese Publikation in der Deutschen National-
bibliografie; detaillierte bibliografische Daten sind im Internet über http://dnb.d-
nb.de/ abrufbar.

Impressum:

Copyright © 2002 GRIN Verlag GmbH
Druck und Bindung: Books on Demand GmbH, Norderstedt Germany
ISBN: 978-3-638-78693-5

Dieses Buch bei GRIN:

http://www.grin.com/de/e-book/6051/david-hume-dialoge-ueber-natuerliche-reli-
gion

GRIN - Your knowledge has value

Der GRIN Verlag publiziert seit 1998 wissenschaftliche Arbeiten von Studenten, Hochschullehrern und anderen Akademikern als eBook und gedrucktes Buch. Die Verlagswebsite www.grin.com ist die ideale Plattform zur Veröffentlichung von Hausarbeiten, Abschlussarbeiten, wissenschaftlichen Aufsätzen, Dissertationen und Fachbüchern.

Besuchen Sie uns im Internet:

http://www.grin.com/

http://www.facebook.com/grincom

http://www.twitter.com/grin_com

David Hume - Dialoge über natürliche Religion

von

Mirko Gropp

"Dialogues Concerning Natural Religion"

David Hume
(1711-1776)

„Our connection with each other, as men of letters, is greater than our difference as adhering to different sects or systems. Let us revive the happy times, when Atticus and Cassius the Epicureans, Cicero the Academic, and Brutus the Stoic, could, all of them, live in unreserved friendship together, and were insensible to all those distinctions, except so far as they furnished agreeable matter to discourse and conversation.“

David Hume[1]

eine Hausarbeit von:
Mirko Gropp

---

[1] Greig (1932): Volume 1, S.172-173

Gliederung

1. Der historische und persönliche Kontext

Über kein Thema mit Ausnahme seiner Geschichtsbände hat David Hume mehr veröffentlicht als über die Religion. Für die Betrachtung der Humeschen Religionsphilosophie sind drei Werke von entscheidender Bedeutung[2]. Es handelt sich dabei um die hier thematisierten „Dialogues Concerning Natural Religion" (kurz: Dialoge), „Natural History of Religion" und den 10. Abschnitt, „Of Miracles", der „Enquiry Concerning Human Understanding". Zweifelsohne könnte man auch den 11. Abschnitt des letztgenannten Werkes zu diesem Kern zählen, welchen man aber auch ohne größere Probleme als eine Kurzfassung der Dialoge bezeichnen darf.

Bei seinen Werken folgte Hume der historischen Trennung von natürlicher Religion[3] und Offenbarung[4], als den zwei Säulen des Glaubens der orthodoxen Kirche der Aufklärung. Die Bereiche des Glaubens, die kraft der religiösen Erfahrung und des Verstandes erschließbar waren, zählte man zur natürlichen Religion. Alles was sich aus diesen Quellen nicht erschließen ließ, musste man mit Rückgriff auf klerikale Autoritäten wie das Evangelium, Propheten oder Ordensträgern, also aus der Offenbarung, legitimieren. Im Bereich der natürlichen Religion entwickelten Philosophen des Mittelalters eine Reihe von „logischen" Beweisen für die Existenz bzw. Natur Gottes. Dabei waren drei Beweise besonders einflussreich für die natürliche Religion. Zum einen der *teleologische Gottesbeweis*[5], der die Existenz eines göttlichen Schöpfers aus der im Universum zu beobachtenden Ordnung ableitet. Weiterhin der *kosmologische Gottesbeweis*[6], bei dem sich die Existenz und Natur eines Gottes aus der existierenden Wirklichkeit mit ihren kausalen Zusammenhängen erschließt. Unter Zurückverfolgung dieser Kausalitätsbeziehungen kommt man auf einen letzten Grund, dem Ursprung alles Seienden und Seiens - Gott. Der dritte populäre Beweis für die Existenz Gottes ist das *ontologische Argument*[7], nach dem zu unserer immanenten Vorstellung Gottes als vollkommenes Wesen auch zwingend seine Existenz gehört, um nicht kontradiktorisch zu sein. Während des 17. und 18. Jahrhunderts wurden diese Beweise weiter ausgebaut und die neuen Erkenntnisse aus der Wissenschaft (Biologie und Astronomie) flossen speziell zur Stützung des teleologischen Ansatzes ein.

---

[2] für eine weiterführenden Interpretation können diese durch eine Anzahl von Essays und Briefwechsel ergänzt werden, siehe Hume (1992)
[3] vgl. "Dialogues Concerning Natural Religion" (DNR) und "History of Natural Religion" (HNR)
[4] vgl. „Enquiry Concerning Human Understanding" (EHU), Kapitel 10 „Of Miracles"
[5] vgl. „design argument" in der englischsprachigen Literatur
[6] vgl. Gottfried Wilhelm Leibniz and Samuel Clarke
[7] vgl. Descartes und Mackie

In den Dialogen zur natürlichen Religion macht Hume vor allem den teleologischen Gottesbeweis zum Objekt seiner Betrachtung. Im Neunten Teil geht er weiterhin kurz auf den kosmologischen Beweis ein. Da man davon ausgeht, dass Hume wie die Mehrheit seiner Zeitgenossen nicht mit dem ontologischen Gottesbeweis vertraut war, ist es nicht verwunderlich, dass dieser in den Dialogen nur indirekt im Zusammenhang mit dem kosmologischen Beweis Berücksichtigung findet. Damit sind wir auch schon beim konkreten Objekt der folgenden Betrachtung, den „Dialogen über die natürliche Religion".

Humes „Dialogues Concerning Natural Religion" wird von vielen als sein wahrscheinlich bestes Werk, ja sogar der ganzen englischsprachigen Philosophie gesehen. Dieses Urteil beruht nicht nur auf dem philosophischen Gehalt, sondern auch auf der stilistischen Umsetzung in alter Tradition antiker Dialoge. Noch in Angesicht seines baldigen Ablebens machte Hume letzte Verbesserungen und sorgte mit Akribie[8] für die posthume Veröffentlichung. Daher lies er zuletzt mehrere Exemplare anfertigen und bestimmte seinen Neffen per Testament die Veröffentlichung umzusetzen, falls (wie dann auch eingetreten) die Verlage eine Publizierung und deren Konsequenzen zu meiden suchten. Humes allgemein vorsichtiges Vorgehen hatte hauptsächlich gesellschaftspolitische Wurzeln. Zwar hatte sich das Klima für Diskussionen religiöser Tatbestände in Anbetracht der Existenz verschiedener protestantischer Splittergruppen im England des 18. Jahrhunderts verbessert, aber auch nur solange man im christlichen Rahmen blieb. Die Macht der Kirche war ungebrochen und der Ruf ein Atheist oder Agnostiker zu sein, ein gesellschaftliches Todesurteil. So ist es auch zu verstehen das Hume auf Grund seiner kritischen Äußerungen nie in den Genuss eines (doch von ihm so begehrten) universitären Amtes kam.

Zu den angesprochenen Vorsichtsmaßnahmen gehören weiterhin die Konzentration auf ein Standbein des Glaubens je Werk (natürliche Religion oder Offenbarung), der bis zum Schluss unklare Standpunkt Humes in den Dialogen, das Stilmittel der Ironie und eine Reihe von Ablenkungsmanövern, zu denen manche Kritiker auch das gesamte Zwölfte Kapitel zählen. Doch beginnen wir erst einmal von ganz vorn.

---

[8] entgegen dem Anraten von Freunden wie Adam Smith

2. Die Dialoge

Im folgendem werde ich mich bei Zitaten auf die englische Originalfassung beziehen, da diese wohl ohne größere Probleme verstanden werden kann und ein unverfälschteres Bild der Intention Humes bietet.

Die Debatten der Dialoge spielen sich um die Figuren des Cleanthes, Philo und Demea ab. Dabei werden die Ereignisse von Pamphilus, einem Schüler Cleanthes, an Hermippus aus seiner Erinnerung heraus weitergegeben. Im Ersten und teilweise im Zweiten Kapitel werden die diskutierenden Charaktere mit Blick auf ihre philosophische Einstellung vorgestellt, in dem sie die vermeintlichen Schwachpunkte der opponierenden Position abklopfen. Dabei stehen sich bewusst ganz verschiedene geistige Strömungen gegenüber. Cleanthes verkörpert in den Augen Pamphiluses den „akuraten" Philosoph. Er möchte a posteriori die Existenz und Natur Gottes beweisen, eine Position, die dem Theismus entspricht. Philo ist der Hauptkritiker von Cleanthes. Er wird als Skeptiker vorgestellt und zeichnet sich durch seine besonnene und aufgeschlossene Art aus. Insgesamt bestreitet er den größten Teil des Redepensums. Demea stellt den gläubigen Orthodoxen dar. Er verkörpert die herrschende Meinung im Volk zur damaligen Zeit. Die Existenz Gottes erschließt sich für ihn a priori, wobei man nichts über dessen Natur sagen kann. In der folgenden Auseinandersetzung wird er sich als einzig wirklich unterlegener Geist herausstellen, der die feinen Nuancen der Argumente nicht ausreichend erkennt und sich so fälschlicherweise mit Philo gegen Cleanthes zu verbünden sucht[9].

2.1. Der teleologische Gottesbeweis

Das Zweite Kapitel stellt einen zentralen Teil des Dialoges dar. Am Anfang scheint die Existenz Gottes für alle drei Beteiligten außer Frage zu stehen. Man konzentriert sich nun auf seine Natur und möchte klären inwieweit uns die Beweise darüber Aufschluss geben können. Demea und Philo sind sich einig, dass man nichts über die Natur Gottes wissen kann. Nur Cleanthes beharrt darauf, dass die Natur Gottes erfahrbar ist. Dabei präsentiert er den bereits angesprochenen teleologischen Gottesbeweis, welcher in den folgenden Kapiteln der Dialoge wie Thema und dessen Variationen behandelt werden wird.

---

[9] vgl. Hume (1991): S. 98 (unten) – S. 99 (oben)

Look round the world: contemplate the whole and every part of it: you will find it to be nothing but one great machine, subdivided into an infinite number of lesser machines, which again admit of subdivisions to a degree beyond what human senses and faculties can trace and explain. All these various machines, and even their most minute parts, are adjusted to each other with an accuracy which ravishes into admiration all men who have ever contemplated them. The curious adapting of means to ends, throughout all nature, resembles exactly, though it much exceeds, the productions of human contrivance; of human designs, thought, wisdom, and intelligence. Since, therefore, the effects resemble each other, we are led to infer, by all the rules of analogy, that the causes also resemble; and that the Author of Nature is somewhat similar to the mind of man, though possessed of much larger faculties, proportioned to the grandeur of the work which he has executed. By this argument a posteriori, and by this argument alone, do we prove at once the existence of a Deity, and his similarity to human mind and intelligence.[10]

Zu der Konklusion über die Natur Gottes kommt Cleanthes durch eine Analogie a posteriori. Den Zusammenhang zwischen Mitteln und Zweck und den Zusammenspiel zwischen all den einzelnen Teilen kann man sowohl bei menschlichen Erfindungen wie auch in der Natur beobachten. Da sich die Effekte ähneln, kann man in den Augen Cleanthes' auf dieselbe Ursache schließen. Maschinen haben eine Intelligenz, den Menschen, als externen Schöpfer und dies kann man auch analog für die Natur, also das Universum, annehmen. Gott soll also dem Menschen in Verstand und Charakter in gewissen Dingen ähnlich sein (anthropomorph), wenn auch viel größer in Macht und Intelligenz (Proportionalisierung).

Philo zweifelt an der Stärke der Analogie, da ihm die Sachverhalte nicht ähnlich genug sind[11]. Kann man denn von der Konstruktion eines Hauses auf die des gesamten Universums schließen? Er erweitert zunächst das Argument[12] mit der Zustimmung Cleanthes' um einige Zwischenschritte[13], um eine gemeinsame Basis für die weitere Erörterung zu schaffen. Dabei zeigt Philo, dass implizit immer die Verantwortlichkeit einer Intelligenz für alle solche Zusammenhänge angenommen wird, wobei aber diese nicht zwingend menschlich sein muss. Weiterhin unterstreicht Cleanthes, dass die kausalen Beziehungen nicht a priori, sondern aus der Erfahrung abgeleitet werden.

Nun kommt Philo auf das Prinzip, dass gleiche Effekte gleiche Ursachen haben, zurück. Dabei greift er nicht das Prinzip an sich an, sondern zieht seine Anwendbarkeit in diesem Fall in Zweifel[14], da sich für ihn die Untersuchungsobjekte doch stark voneinander unterscheiden. Als zweiten Kritikpunkt merkt er die mögliche Vielfalt an unterschiedlichen Ursachen und Prinzipien wie zum Beispiel Hitze und Kälte an, die solche Zusammenhänge schaffen könnten. Diesen ist der Effekt der Kausalbeziehung gleich, der sich aktiv auf ein ganzes

---

[10] Hume (1991): S. 109 (oben)
[11] A.a.O.: S. 110 (oben)
[12] A.a.O.: S. 111 (unten) -112 (oben)
[13] vgl. Hume (1991): S. 7
[14] A.a.O.: S. 112 (unten) – 113 (oben)

System auswirkt[15]. Drittens, stellt er in Frage, ob man wirklich von einem Teil auf die Gesamtheit schließen kann, wenn dieser so weit vom Kern entfernt scheint. Wäre es möglich etwas vom Wachstum eines Haares über die Entstehung menschlichen Lebens zu lernen[16]? Und letztlich (viertens), basiert die Beweiskraft solche Analogien auf der Breite unserer Beobachtungen, doch wir haben keinerlei Erfahrung bezüglich des Ursprungs von Welten[17]. Im Endeffekt lassen sich die Zweifel Philos darauf reduzieren, dass man von den Produkten menschlichen Geistes nicht auf das gesamte Universum schließen kann, also die Ähnlichkeit nicht zwingend gegeben ist.

Ein Buch scheint dem Mond völlig unähnlich zu sein und doch gelten für beide die Gesetze der Gravitation[18]. So war es Galileo möglich vom Mond auf die Erde zu schließen, obwohl er eben diese nicht beobachten konnte. Die Voraussetzung des vierten Einwandes scheint überflüssig, da man ja im Fall einer angenommenen Ähnlichkeit die Analogie zu einer Beobachtungsgruppe annimmt, um einen Schluss auf den konkreten Fall zu ziehen. Wie groß ist nun die Ähnlichkeit und genauso wichtig, was sagt diese nun aus? Gibt es nicht noch andere Einflussfaktoren[19], muss also Ordnung immer durch einen intelligenten Geist geschaffen werden? Gelten diese Gesetze nun ferner für das gesamte Universum[20]? Ist ein solches Argument nicht zirkulär? Die Ähnlichkeit ist Prämisse der Anwendbarkeit des teleologischen Gottesbeweises und die Anwendbarkeit Messgröße für die Prämisse der Ähnlichkeit. Also scheinen doch alle vier Einwände als Teilaspekte relevant zu sein, um die Ähnlichkeit festlegen zu können, wobei der erste Einwand die Folge aus den anderen ist.

Cleanthes besteht weiter auf der Ähnlichkeit und stärkt nun sein Argument im Dritten Kapitel durch zwei Analogien in Reaktion auf die vorgebrachten Einwände. Die erste[21] ist der Fall einer sich aus den Wolken erhebenden Stimme (Stimmen-Analogie), die nicht von einem Menschen sein kann. Sie spricht wohlwollend zu allen Menschen in allen Sprachen der Welt, gebührend einem Gott. Würde man eine Sekunde, so fragt er, am Ursprung dieser Stimme zweifeln? Könnten nicht auch alle der vorher entgegneten Einwände hier angebracht werden?

---

[15] Hume (1991): S. 113 (Mitte)
[16] A.a.O.
[17] A.a.O.: S. 115 (Mitte)
[18] vgl. erster Einwand
[19] vgl. zweiten Einwand
[20] vgl. dritten Einwand
[21] A.a.O.: S. 117 (Mitte)

Might you not say, that all conclusions concerning fact were founded on experience: that when we hear an articulate voice in the dark, and thence infer a man, it is only the resemblance of the effects which leads us to conclude that there is a like resemblance in the cause: but that this extraordinary voice, by its loudness, extent, and flexibility to all languages, bears so little analogy to any human voice, that we have no reason to suppose any analogy in their causes: and consequently, that a rational, wise, coherent speech proceeded, you know not whence, from some accidental whistling of the winds, not from any divine reason or intelligence? You see clearly your own objections in these cavils, and I hope too you see clearly, that they cannot possibly have more force in the one case than in the other.[22]

Cleanthes meint, dass man ohne jegliche Erfahrungen mit solch einer Stimme zu haben, auf einen intelligenten Ursprung schließen muss. Die Stimme ist nicht wie irgendeine menschliche Stimme. Die einzige Erfahrung die wir mit Stimmen haben, ist deren Ursprung in einer Intelligenz. Da wir hier diese Person nicht sehen, gehen wir davon aus, dass die Quelle auch in einer Intelligenz liegt, die aber die unsrige um einiges übersteigt. Cleanthes will weiterhin verdeutlichen, dass man dies ohne eine Ähnlichkeit in den Stimmen und dem großen Unterschied in der Proportion durch Extrapolation der Effekte auf den Ursprung schließt. Da der Effekt die unsrigen Möglichkeiten bei weitem übersteigt, schließen wir auch auf einen ebenso übermächtigen Grund. Damit meint er den Einwand der Ähnlichkeit mit Blick auf einen Erfahrungsschatz und des proportionalen Schließens auf ein unbekanntes Objekt entkräftet zu haben.

Die zweite Analogie[23] ist der Fall einer Bibliothek (Bibliotheks-Analogie), in der die Natur, in ganz sachlichen Büchern dargestellt, enthalten ist. Würde man eine Sekunde beim Betrachten der Bücher an ihrem intelligenten Urheber zweifeln? Die Zusammenhänge in der Natur wurden rational fassbar gemacht. Kann man nun noch an einem rationalen, göttlichen Ursprung dieses Systems zweifeln? Obwohl die einzelnen Organismen an sich abgeschlossene Systeme darstellen, also durch verschiedene Kausalzusammenhänge und Prinzipien geprägt werden, sind aber alle diese Prinzipien auf *einen* letzten, nicht beobachtbaren Grund zurückzuführen – einem Schöpfer. Rationale Zusammenhänge müssen also eine rationale Ursache haben. Cleanthes will zeigen, dass man aus seiner unmittelbaren Erfahrung von Ursache und Effekt beim Auftreten von herausragenden Sachverhalten auf einen ebenso herausragende (göttliche) Ursache schließen kann, unabhängig von dem beobachteten Prinzip an sich. Damit sieht Cleanthes die Einwände Philos entkräftet.

---

[22] Hume (1991): S. 117 (unten)
[23] A.a.O.: S. 118 (Mitte)

Die Analogien ergänzt Cleanthes durch Beispiele in ähnlicher Konzeption. Es handelt sich um Argumente, bei denen man direkt von den Prämissen ohne Zwischenschritt auf die Konklusion kommen soll. So zum Beispiel:

> Consider, anatomize the eye; survey its structure and contrivance; and tell me, from your own feeling, if the idea of a contriver does not immediately flow in upon you with a force like that of sensation. The most obvious conclusion, surely, is in favour of design; and it requires time, reflection, and study, to summon up those frivolous, though abstruse objections, which can support Infidelity.[24]

Cleanthes beschreibt sie selbst als Argumente von regelwidriger Natur.

> Some beauties in writing we may meet with, which seem contrary to rules, and which gain the affections, and animate the imagination, in opposition to all the precepts of criticism, and to the authority of the established masters of art. And if the argument for Theism be, as you pretend, contradictory to the principles of logic; its universal, its irresistible influence proves clearly, that there may be arguments of a like irregular nature.[25]

Diese Argumente richten sich mehr an den Glauben als an die Vernunft. Sie sind mehr Indizien als schlagkräftige Argumente. Diese Art von Argumentation wird später noch einmal von Bedeutung sein, da sie ja die Argumentation in Richtung des Glaubens lenken.

Philo scheint über die vorgebrachten Analogien ins Grübeln gekommen zu sein und so ist es Demea, der Cleanthes entgegen hält, dass wir die Wege des Schöpfers in unserer Unvollkommenheit als Menschen nicht erkennen *können*, somit auch das Zusammenspiel in der Natur für uns nicht erfahrbar ist. Was in der Natur geschieht ist nur ein kleiner Teil Gottes und daher ist die Gesamtheit nicht zu erschließen.

> by representing the Deity as so intelligible and comprehensible, and so similar to a human mind, we are guilty of the grossest and most narrow partiality, and make ourselves the model of the whole universe.[26]

Mit Beginn des Vierten Kapitels reagiert Cleanthes auf diesen Vorwurf. Es muss erlaubt sein, so sagt er, dem Schöpfer bestimmte Eigenschaften zuzuweisen oder zumindest keine Eigenschaften zuzuweisen, die der Natur eines intelligenten Wesens widersprächen.

> A mind, whose acts and sentiments and ideas are not distinct and successive; one, that is wholly simple, and totally immutable, is a mind which has no thought, no reason, no will, no sentiment, no love, no hatred; or, in a word, is no mind at all. It is an abuse of terms to give it that appellation; and we may as well speak of limited extension without figure, or of number without composition.[27]

Denn hätten wir keine Vorstellung von Gott, würden wir auch nichts Göttliches in unserem Alltag erkennen. Selbst die göttliche Offenbarung würde so von uns nicht bemerkt werden.

---

[24] Hume (1991): S. 119 (Mitte)
[25] A.a.O.: S. 119 (unten)
[26] A.a.O.: S. 120 (unten)
[27] A.a.O.: S. 122 (unten)

Im Anschluss fährt Philo mit seiner Argumentation fort. Hier und im Fünften Kapitel geht er nun auf ein paar Probleme im Bezug auf den anthropomorphen Gedanken des verwendeten Gottesbeweises ein.

Wenn wir aus den Effekten eine Ursache verfolgen wollen, wo müsste man dann stoppen, so fragt Philo? Der materiellen Welt liegen nach Cleanthes bestimmte Gedanken eines Schöpfers zu Grunde, somit ist eine Welt der Ideen. Sollten wir daher in dieser Welt des Geistes nach den Gründen suchen? Oder gibt es vielleicht eine weitere ideale Welt? Birgt dies nicht Gefahr einer Regression ad infinitum? Sollten wir daher alle externen Effekte ausschließen und in unserer materiellen Welt bleiben?

> The first step which we make leads us on for ever. It were, therefore, wise in us to limit all our enquiries to the present world, without looking further. No satisfaction can ever be attained by these speculations, which so far exceed the narrow bounds of human understanding.[28]

Für Cleanthes stellt sich diese Frage nach der Ursache der Ursache nicht. Sobald man eben auf den Schöpfer trifft, ist man am Ziel seiner Suche und dort ist eine Untersuchung beendet. Dies ist wieder eine Frage des Glaubens und weniger der Vernunft.

Bei Cleanthes' Version des teleologischen Gottesbeweises wurden die Erkenntnisse über die Natur Gottes aus der Extrapolation bestimmter menschlicher Eigenschaften gewonnen, nach dem Grundsatz: „like effects prove like causes[29]". Philo führt nun an, dass uns erst durch die Fortschritte in Wissenschaft und Technik bewusst wird, wie klein unser Erfahrungsbereich ist. Kann man von dieser kleinen Datenbasis ausgehend so weit extrapolieren? Cleanthes selbst hat ja dieses Prinzip der Proportionalisierung der Ursache anhand der Effekte vorgeschlagen. Nach diesem Prinzip leiten sich die Eigenschaften des „Author of Nature" analog zu menschlichen Charakterzügen (anthropomorph) ab, die man in menschlicher Kunst und Erfindung beobachtet. In Anbetracht der Fehlerhaftigkeit der Menschen kann man durch dieses Vorgehen für Philo dem Schöpfer keine perfekten Eigenschaften zuweisen. Denn je mehr man IHN von den Menschen entrücken würde, desto schwächer wäre auch die Analogie. Daraus ergeben sich eine Reihe von weiteren Absurditäten neben der Imperfektion. Ähnlich einem Schiffsbauer, der basierend auf der Erfahrung all seiner Vorgänger ein perfektes Schiff baut, könnte man auch daran zweifeln einem Gott die gesamte Perfektion unter Beobachtung eines seiner Werke zuschreiben. Vielleicht ist unsere Welt nur eine von vielen Versuchen. Ähnlich könnte es sein, dass unsere Welt nicht das Werk eines Gottes,

---

[28] Hume (1991): S. 126 (oben)
[29] vgl. Hume (1991): S. 109 (oben)

sondern eine Kooperation verschiedener Götter darstellt. Doch am schwersten wiegt wohl die Vorstellung von einem Gott, der sein Schöpfung nun nicht mehr begleitet, da er selbst sterblich ist bzw. an seinem Versuch einer Schöpfung das Interesse verloren hat (Deismus?). All diese Einwände leiten sich für Philo aus dem Prinzip der Extrapolation unserer beschränkten Erfahrungswerte auf eine solch schwer zu erfassende Ebene ab. Durch eine Proportionalisierung erhält man aber nie perfekte Eigenschaften. Je mehr ich mich von meinem a posteriori Wissen entferne, desto schwächer wird die Analogie und desto ungewisser die Vorhersage der Ursache. Diese Argumentation muss nicht als Kritik am teleologischen Gottesbeweis bzw. einem intelligenten Ursprung gesehen werden, sondern kann mehr noch als Gedankenspiel über die sich aus dem Prinzip ableitenden Eigenschaften Gottes verstanden werden. Nimmt man nun aber einen allmächtigen Gott an, hätte man auf der anderen Seite Probleme, diesen mit Cleanthes' teleologischem Argument zu legitimieren. Dies deutet schon die weitere Richtung der Debatte hin zu den Eigenschaften Gottes an.

Cleanthes sieht sich durch diese Argumente nicht beirrt, kann aber auch nicht darauf Antwort geben.

> On the contrary, they give me pleasure, when I see, that, by the utmost indulgence of your imagination, you never get rid of the hypothesis of design in the universe, but are obliged at every turn to have recourse to it. To this concession I adhere steadily; and this I regard as a sufficient foundation for religion.[30]

Konzentrierte sich die Kritik Philos bisher auf die Auswirkungen der Anwendung des Ordnungsprinzips, wird er nun in den Kapiteln Sechs bis Sieben den Versuch unternehmen, die grundlegenden Annahmen in Frage zu stellen, in dem er eine gleich wahrscheinliche Theorie aufstellt. Diesen Versuch leitet er unter Einführung des Co-Existenzprinzips ein, welches für ihn sehr ähnlich dem Grundsatz „like effects prove like causes" ist und aufbauend auf denselben Annahmen die gleiche Wahrscheinlichkeit beanspruchen kann. Beide leiten sich aus der Beobachtung verknüpfter Ereignisse ab.

> But there is another principle of the same kind, no less certain, and derived from the same source of experience; that where several known circumstances are observed to be similar, the unknown will also be found similar.[31]

Wenn wir also nur einen Teil eines Körpers sehen und der Rest verdeckt ist, können wir darauf schließen, dass der nicht sichtbare Rest der verbleibende Teil des Körpers ist. Unter Betrachtung des uns zugänglichen Teiles des Universums schließt Philo in der Folge darauf, dass die Gesamtheit genau wie der beobachtete Teil einem Tier bzw. geordneten Körper

---

[30] Hume (1991): S. 132 (unten)
[31] A.a.O.: S. 133 (Mitte)

ähnelt. Beweise für diese Ähnlichkeit mit einem Organismus sind für ihn die ständige geordnete Zirkulation von Materie, die Regeneration zerstörte Teile, der Zusammenhalt und die Symbiose der einzelnen Teile, da sie in ihrer Funktion sich selber und dem Ganzen dienen. Diese Vorstellung der Welt als großen Organismus mit Gott als dessen Seele greift auf alte antike Vorstellungen zurück. Aber diese Theorie basiert auf dem gleichen Fundament wie die Vorstellung Cleanthes' von der Maschinenähnlichkeit. Für Philo sprechen die Erkenntnisse aus den Wissenschaften bezüglich dem Zusammenspiel der einzelnen Teile und Mittel-Zweck-Beziehungen eindeutig für diese Auffassung. Cleanthes lässt sich auf diese Sichtweise ein indem er einwendet, dass die Ähnlichkeit mehr mit Blick auf ein Gemüse als ein Tier gegeben ist.

> [T]hough the world does, in many circumstances, resemble an animal body; yet is the analogy also defective in many circumstances the most material: no organs of sense; no seat of thought or reason; no one precise origin of motion and action. In short, it seems to bear a stronger resemblance to a vegetable than to an animal, and your inference would be so far inconclusive in favour of the soul of the world.[32]

Weiterhin impliziert die Sichtweise des Organismus für Cleanthes Sterblichkeit, was ja ein großer Unterschied zu den Maschinen darstellt. Philo entgegnet, dass er ja das gesamte System betrachtet und nicht nur bestimmte Teile wie zum Beispiel die Menschen und deren Entwicklung (wie von Cleanthes vorgetragen).

Daraus ergibt sich für Philo:

> If the universe bears a greater likeness to animal bodies and to vegetables, than to the works of human art, it is more probable that its cause resembles the cause of the former than that of the latter, and its origin ought rather to be ascribed to generation or vegetation, than to reason or design. Your conclusion, even according to your own principles, is therefore lame and defective.[33]

Somit legitimiert sich aus dieser Annahme ein ganz anderes Prinzip der Ordnung, nämlich das der Erzeugung und Vegetation anstelle der Vernunft und Ordnung wie bei Maschinen. Auf Demeas Frage nach der Grundlage dieser Annahme erwidert Philo, dass es wegen unserer beschränkten Erfahrung keinerlei verlässlichen Beweise gibt[34] und man sich daher bei der Formulierung dieser Hypothesen an der stärksten Ähnlichkeit orientieren muss. Eben diese spricht nach der Meinung Philos (ohne Angabe von näheren Kriterien) für die Vorstellung von einem Organismus anstatt einer Maschine. Darüber hinaus könnte es noch verschiedene andere Prinzipen im Universum geben, welche dieselben Effekte auslösen könnten.

> In this little corner of the world alone, there are four principles, *reason, instinct, generation, vegetation*, which are similar to each other, and are the causes of similar effects. What a number of other principles may we naturally suppose in the immense extent and variety of the universe, could we travel from planet to planet, and from system to system, in order to examine each part of this mighty fabric?[35]

---

[32] Hume (1991): S. 135 (oben)

[33] A.a.O.: S. 138 (oben)

[34] analog auch nicht für das Prinzip der Ordnung (Cleanthes)

[35] A.a.O.: S. 140 (oben)

Warum sollte dann alles nur einem Prinzip unterliegen? Nur weil unser Verstand auch nach diesem operiert, können wir dieses nicht auf das gesamte Universum übertragen. Damit scheint durch das Problem der Klassifizierung (Organismus – Maschine), der Grundsatz „like effects prove like causes" nicht anwendbar zu sein, da ja bei gleichen Effekten die Gründe je nach Prinzip völlig verschieden sein könnten. Dies würde aber immer noch nicht den letzen Grund – einen Schöpfer – in Frage stellen, wie Demea nun aufzeigt und auch Cleanthes in seiner Bibliotheks-Analogie demonstrierte. Der funktionierende Organismus an sich kann ja immer noch das Werk eines Schöpfers sein, obwohl innerhalb des Organismus möglicherweise andere Ursprungsprinzipien bestehen. Für Philo wäre immer noch zu widerlegen, dass der Ursprung der Welt ein intelligentes Wesen ist.

Sich auf den a posteriori Ansatz von Cleanthes beziehend entgegnet Philo, dass die Erzeugung kausal vor jeglichem Verstand steht.

> Judging by our limited and imperfect experience, generation has some privileges above reason: for we see every day the latter arise from the former, never the former from the latter.[36]

Wenn wir also das Prinzip der Erzeugung betrachten, können wir aus unserer Erfahrung heraus auf keinen intelligenten Schöpfer als letzten Grund schließen. Cleanthes sieht sich nicht im Stande diesen Argumenten zu entgegnen. Er beruft sich auf den gesunden Menschenverstand als Quelle seiner Position und lässt sich nicht von Philo überzeugen. Dieser wendet sich nun mit der These von Epikur über die Materie einem weiteren Argument contra dem intelligenten Ursprung zu. Er will zeigen, dass Ordnung in der Materie entstehen kann, ohne dass es einer intelligenten Quelle bedarf.

Eine finite Anzahl an Materieteilchen begibt sich durch ihre Bewegung in immer neue Kombinationen und bildet dabei (zufällig) verschiedenste Anordnungen. Wo immer diese Anordnung instabil ist, würde diese wieder zerfallen und sich neue Anordnungen bilden können. Ist sie aber stabil, bleibt sie in dem arrangierten Zustand und weist genau diese Zweck-Mittel-Beziehung und das Zusammenspiel der einzelnen Teile auf, welche Cleanthes als Beweis für die intelligente Ordnung heranzieht. Somit könnte Ordnung nicht nur auf das Einwirken einer Intelligenz beruhen, sondern auch auf Materie und ihrem (zufälligem) Verhalten selbst. Durch unsere Beobachtung ist es uns daher nicht möglich, zweifelsfrei auf den Grund dieser Ordnung zu schließen. Diese könnte ebenso, auf eine „blind guided force[37]" zurückzuführen sein. Somit ist eine beobachtbare Ordnung nicht mehr Beweis eines Prinzips

---

[36] Hume (1991): S. 141 (unten)
[37] A.a.O.: S. 145 (oben)

der Ordnung. Daher können wir in einem weiteren Schritt nicht einmal mehr sagen ob überhaupt ein Prinzip hinter der fassbaren Anordnung steht. Man muss also an dem gesamten Arguments Cleanthes' aus dem Zweiten Kapitel zweifeln da man eben nicht mehr auf irgendein Prinzip aus der reinen Betrachtung der Effekte schließen kann. Für Philo hat die Skepsis gesiegt und daher muss man jegliches Urteil verschieben, da ja Cleanthes' Version sowie die Gegenposition genauso wahrscheinlich sind.

> A total suspense of judgment is here our only reasonable resource. And if every attack, as is commonly observed, and no defence, among Theologians, is successful; how complete must be *his* victory, who remains always, with all mankind, on the offensive, and has himself no fixed station or abiding city, which he is ever, on any occasion, obliged to defend?[38]

Damit sieht Philo, die dogmatische Position von Cleanthes ausreichend widerlegt. Es wird nicht geklärt auf wann oder was man die Entscheidung verschieben muss. Vielleicht auch (wie bereits angedeutet) auf das Urteil unseres Glaubens.

2.2 Der kosmologische Gottesbeweis

Im Neunten Kapitel widmet man sich nun einem ganz anderen Aspekt. Und zwar geht man auf die Position Demeas ein, die dem kosmologischen Gottesbeweis ähnelt. Dabei kommt die Diskussion auch auf die *Existenz* Gottes als Eigenschaft seiner Vollkommenheit, was ein wenig in die Richtung des ontologischen Beweises geht. Demeas Position ist:

> Whatever exists must have a cause or reason of its existence; it being absolutely impossible for any thing to produce itself, or be the cause of its own existence. In mounting up, therefore, from effects to causes, we must either go on in tracing an infinite succession, without any ultimate cause at all; or must at last have recourse to some ultimate cause, that is necessarily existent: now, that the first supposition is absurd, may be thus proved. In the infinite chain or succession of causes and effects, each single effect is determined to exist by the power and efficacy of that cause which immediately preceded; but the whole eternal chain or succession, taken together, is not determined or caused by any thing; and yet it is evident that it requires a cause or reason, as much as any particular object which begins to exist in time.[…] We must, therefore, have recourse to a necessarily existent Being, who carries the REASON of his existence in himself, and who cannot be supposed not to exist, without an express contradiction. There is, consequently, such a Being; that is, there is a Deity.[39]

Gott ist also ein Wesen, dessen Existenz notwendig ist. Diesmal wird die Kritik aber auffälligerweise von Cleanthes geübt, der ja gegen einen solchen metaphysischen Beweis a priori ist.

> Nothing is demonstrable, unless the contrary implies a contradiction. Nothing, that is distinctly conceivable, implies a contradiction. Whatever we conceive as existent, we can also conceive as non-existent. There is no being, therefore, whose non-existence implies a contradiction. Consequently there is no being, whose existence is demonstrable. I propose this argument as entirely decisive, and am willing to rest the whole controversy upon it […]Add to this, that in tracing an eternal succession of objects, it seems absurd to enquire

---

[38] Hume (1991): S. 147 (unten)
[39] Hume (1991): S. 148 (Mitte) – S. 149 (oben)

for a general cause or first author. How can any thing, that exists from eternity, have a cause, since that relation implies a priority in time, and a beginning of existence?[40]

Dies kann aber nur Personen überzeugen, die sich auch eine Nicht-Existenz vorstellen können. Befürworter des Argumentes von Demea, also Gläubige, sehen sich durch diese Kritik nicht in die Enge getrieben. Auch die weiteren Gegenargumente Cleanthes ähneln diesem Muster und scheitern einen Fehler in der Argumentation Demeas aufzuzeigen. Somit ist im Endeffekt, die Frage nach dem kosmologischen Gottesbeweis, also die Frage nach einem letzten Grund, ähnlich dem teleologischen dem Glaubens überlassen. Beide Positionen können ihren Standpunkt erklären, doch nicht uneingeschränkt überzeugen. War es im Fall des letzteren Philo, der diese Grenze Cleanthes aufgezeigt hat, ist es diesmal Cleanthes' Kritik an Demea. So stellt Demea zu Beginn des Zehnten Kapitels fest:

> It is my opinion, I own, replied Demea, that each man feels, in a manner, the truth of religion within his own breast, and, from a consciousness of his imbecility and misery, rather than from any reasoning[.][41]

2.3. Das Theodizee Problem

Mit der Frage nach dem Problem des Bösen in der Welt streben die Dialoge im Zehnten und Elften Kapitel ihrem Höhepunkt entgegen. Unter Annahme einer Theistischen Anschauung verweisen Demea und Philo auf all die Gefahren, Unzufriedenheit und Nöte, denen die Menschen ausgesetzt sind. Nicht nur die Natur steht Ihnen entgegen, sondern auch das eigene Ich und die Zwänge der Gesellschaft. Wenn wir einen Allmächtigen Gott annehmen, so fragt sich Philo, dessen Wille ausgeführt wird, warum gibt es dann so viel Leid? Will er denn nicht unser Wohlergehen? Wenn er allwissend ist, warum ist es ihm nicht möglich die Natur zu unseren Gunsten zu beeinflussen?

> And is it possible, Cleanthes, said Philo, that after all these reflections, and infinitely more, which might be suggested, you can still persevere in your Anthropomorphism, and assert the moral attributes of the Deity, his justice, benevolence, mercy, and rectitude, to be of the same nature with these virtues in human creatures?[42]

Wenn wir nicht von einem Bösen Gott ausgehen wollen, so müssten wir annehmen, dass er in seinen Eigenschaften nur eingeschränkt perfekt ist. Cleanthes räumt ein:

> If you can make out the present point, and prove mankind to be unhappy or corrupted, there is an end at once of all religion. For to what purpose establish the natural attributes of the Deity, while the moral are still doubtful and uncertain?[43]

---

[40] Hume (1991): S. 149 (Mitte)
[41] Hume (1991): S. 152 (oben)
[42] A.a.O.: S. 156 (unten)
[43] A.a.O.: S. 157 (unten)

15

Cleanthes muss also beweisen, dass das beobachtete Leid mit einem allmächtigen Gott vereinbar ist. Er tut dies in dem er die die Aussagen Philos und Demeas als Übertreibungen hervorhebt. Im Großen und Ganzen überwiegt doch die Freude über das Leid. Es gibt zum Beispiel mehr Gesunde als Kranke, mehr Freude als Leid. Philo entgegnet, dass man diese Zustände nicht miteinander vergleichen kann. Ein Leidender würde doch ungleich viel Stunden des normalen Vergnügens gegen den Erlass der Schmerzen eintauschen. In dem Punkt des Bösen in der Welt sieht Philo das entscheidende Argument gegen die Religion. Wohlwollen in Verbindung mit der Allmacht und Allwissenheit stehen für ihn im Gegensatz zu den derzeitigen Umständen.

Da Cleanthes weiter auf einem wohlwollenden Gott besteht und nicht von seinen *grundlegenden* Prinzipien abweichen kann, geht er auf dessen Kritik in der Form ein, dass er bezüglich der Eigenschaften Gottes von seinem Standpunkt zugunsten von Philo abrückt. Er fragt sogar nach dessen Meinung zu folgender Ansicht:

> But supposing the Author of Nature to be finitely perfect, though far exceeding mankind, a satisfactory account may then be given of natural and moral evil, and every untoward phenomenon be explained and adjusted. A less evil may then be chosen, in order to avoid a greater; inconveniences be submitted to, in order to reach a desirable end; and in a word, benevolence, regulated by wisdom, and limited by necessity, may produce just such a world as the present. You, Philo, who are so prompt at starting views, and reflections, and analogies, I would gladly hear, at length, without interruption, your opinion of this new theory[.][44]

Dieser fährt mit seiner Argumentation aus Kapitel Zehn fort, mit dem Ziel die Position Cleanthes ad absurdum zu führen. Es scheint als hätte er nur auf dieses Zugeständnis gewartet.

Er beschreibt die vier Umstände in denen das Böse in der Welt auftritt. So verweist er, dass Schmerz nicht notwendig für unseren Selbsterhalt ist, denn Freude wäre als Motivation ausreichend. Weiterhin sind die Gesetze der Natur selbst eine Quelle des Bösen, weil sie uns unterwerfen. Die Natur stellt sich als zerbrechliches Gleichgewicht der Kräfte dar. Und schließlich macht er noch Fehler in der Schöpfung aus, da zum Beispiel einige Naturgewalten das notwendige Maß übersteigen. Anhand dieser Beispiele will er zeigen, dass diese Sachverhalte von einem Wohlwollenden, wenn auch begrenzt perfekten Gott hätten leicht besser gestaltet werden können, da sie weder nötig noch unvermeidbar sind. Also müsste Cleanthes noch weitere Abstriche von den Eigenschaften seines wohlwollenden Gottes machen.

---

[44] Hume (1991): S. 161 (oben)

Kann man als Konsequenz dann nicht einmal mehr von einem beschränkt perfekten Gott ausgehen? Philo verweist nun auf das System des Manichismus, dem Kampf von Gut gegen Böse auf dem Kriegsschauplatz des Menschen. Er fragt sich, ob diese Religionsrichtung (die aus dem Persischen kommt) unsere Bedenken ausräumen könnte? Mit dem Verweis auf die von allen Gesprächsteilnehmern akzeptierte Konformität im Universum kann man aus der Erfahrung heraus ein solches System von Zerwürfnissen der ursprünglichen Gründe zwischen den Fronten wohl nicht aufrechterhalten. In der Natur kann man vielleicht gut und böse beobachten, doch wie warm und kalt, lassen diese nicht gleich auf ursprüngliche Prinzipen schließen.

> [T]he original Source of all things is entirely indifferent to all these principles; and has no more regard to good above ill, than to heat above cold, or to drought above moisture, or to light above heavy.[45]

Seine Argumentation beschließt Philo mit einem Gedankenexperiment über das ursprüngliche Prinzip der Welt. Ist es das Gute, nur das Böse, beide zusammen oder keines von beiden? Das erstere würde das Böse nicht erklären, das zweite nicht das Gute und das Dritte hat er ja schon am Beispiel der Manichismus widerlegt. Somit bleibt nur das letztere der Vier und daher sind gut und böse keine ursprünglichen Prinzipien. Für Philo steht fest, dass der Schöpfer nicht nur wohlwollend ist.

> so long as there is any vice at all in the universe, it will very much puzzle you Anthropomorphites, how to account for it. You must assign a cause for it, without having recourse to the first cause. But as every effect must have a cause, and that cause another, you must either carry on the progression in infinitum, or rest on that original principle, who is the ultimate cause of all things . . . .[46]

Erst jetzt erkennt Demea, wie entfernt er von der Position Philos ist. Er hatte sich ja mit Philo für die Verteidigung des a priori Arguments verbündet. Nun sieht er sich als Instrument missbraucht und die Handlung kommt zu ihrem Höhepunkt, als er die Bibliothek im Streit verlässt.

2.4. Das Finale

Das Zwölfte Kapitel stellt den Abschluss der Dialoge dar. Nun verbleiben nur noch Philo und Cleanthes, die die vergangenen Argumentationen reüssieren. Im Vergleich zu den vorangegangenen Wortgefechten, bei denen schon einmal im Diskurs dem Gegner in das Wort gefallen wurde, stellt sich der Abschluss sehr ruhig und versöhnlich dar. Dies verleiht dem ganzen an manchen Stellen ein Gefühl von Ironie. Daher gibt es Autoren, die meinen,

---

[45] A.a.O.: S. 169 (oben)
[46] Hume (1991): S. 169 (unten)

man sollte bei der Betrachtung des Werkes das komplette letzte Kapitel weglassen. Auf der anderen Seite wiederum gibt es Kritiker, die von einer Annäherung der Kontrahenten sprechen. Beim Lesen sollte man folgenden Auszug aus einem Schriftwechsel mit Adam Smith im Hinterkopf behalten.

> On revising them [DNR] (which I have not done these 15 years) I find that nothing can be more cautiously and more artfully written.[47]

Wie bereits angesprochen, war der Einfluss der Kirche immer noch ungebrochen. Als deren Kritiker musste man sich daher großem gesellschaftlichem Druck ausgesetzt sehen. So beginnt Philo:

> I must confess, replied Philo, that I am less cautious on the subject of Natural Religion than on any other; both because I know that I can never, on that head, corrupt the principles of any man of common sense; and because no one, I am confident, in whose eyes I appear a man of common sense, will ever mistake my intentions.[48]

Diese Passage gibt gut den gesamten Tenor des Werkes wieder. Die Frage nach der Religion lässt sich wie mit der Skepsis gezeigt nicht durch Verstand lösen. Dies heißt aber nicht, dass es keinen Gott gibt. Letztendlich ist es eine Frage des Glaubens. Hier wird vom Menschenverstand gesprochen, welcher ja auch mehr mit Intuition als mit reiner Vernunft zu tun hat. Die Fronten sind wie erwähnt in Fragen der Religion verhärtet. Durch die Argumentationen der Gegenseite wird sich, wie im Zitat angedeutet, kein „orthodoxer Menschenverstand" oder „atheistische Menschenverstand" vom Gegenteil überzeugen lassen.

Philo hat mit seinen Mitteln der Skepsis an den vorgebrachten Beweisen gezweifelt, konnte aber ja auch keine Alternative postulieren. In der Folge geht man noch einmal auf die beiden Positionen ein, wobei es scheint, dass Philo seine Skepsis relativiert. Dabei kann man aber die meisten Positionen je nach zugrunde liegender Auffassung („Menschenverstand") für beide Positionen deuten, so zum Beispiel:

> [A]ll the sciences almost lead us insensibly to acknowledge a first intelligent Author; and their authority is often so much the greater, as they do not directly profess that intention.[49]

Er erkennt die vorgebrachten Indizien bzw. schwachen Argumente Cleanthes' an, doch durch das Wort „almost" kann man hier nicht den letzten Zweifel ausräumen, für welche Seite das Zitat Philos plädiert. Insgesamt sehe ich Philo nicht von seinen bisherigen Äußerungen abweichen, sie aber weicher formulieren. Er fügt aber noch einen weiteren, wichtigen Aspekt ein.

---

[47] Greig (1932): Vol. 2, S. 334
[48] Hume (1991): S. 172 (Mitte)
[49] Hume (1991): S. 172 (unten)

Und zwar verwendet er das erste Mal „true religion" und stellt dieser die vielen negativen Seiten der Institution Kirche gegenüber.

> Is there any maxim in politics more certain and infallible, than that both the number and authority of priests should be confined within very narrow limits; and that the civil magistrate ought, for ever, to keep his fasces and axes from such dangerous hands? [...]True religion, I allow, has no such pernicious consequences: but we must treat of religion, as it has commonly been found in the world[.][50]

Denn für Philo hat die Kirche mit der Drohung der ewigen Verdammnis eines der größten Druckmittel auf Ihrer Seite, welches sie schon zu oft negativ für die Gesamtheit eingesetzt hat. Ihre Macht basiert natürlich auf der Stärke des Glaubens ihrer Anhänger und so wird sie sich hüten, sich von den (durch Philo in Zweifel gezogenen) Annahmen zu entfernen.

Das Schlusswort Philos fasst die bereits gemachten Bemerkungen gut zusammen.

> A person, seasoned with a just sense of the imperfections of natural reason, will fly to revealed truth with the greatest avidity: while the haughty Dogmatist, persuaded that he can erect a complete system of Theology by the mere help of philosophy, disdains any further aid, and rejects this adventitious instructor. To be a philosophical Sceptic is, in a man of letters, the first and most essential step towards being a sound, believing Christian[.][51]

Es bleibt offen was ein „man of letters" und ein „sound, believing Christian" ist. Sollten dann weitere Schritte folgen? Im Stil des Zwölften Kapitels bleibt Hume auch hier ziemlich vage (vorsichtig). Der Diskurs wird mit den Worten Pamphiluses geschlossen, der Cleanthes als Sieger dieses Wettstreites sieht. Wie viel Wertigkeit kann man diesem Urteil beimessen? Pamphilus wurde uns ja im Ersten Kapitel als Schüler Cleanthes vorgestellt, der nur beiwohnen darf, weil er selbst noch nicht reif genug an Jahren ist. Ist dies Ironie? Diese Frage ist eng mit der Frage nach der Meinung Humes verknüpft.

3. Die Meinung Humes

Wie am Anfang erwähnt, versuchte sich Hume so vorsichtig wie möglich in seinem Werk auszudrücken. Vor diesem Hintergrund wird auch noch immer diskutiert, wer denn nun letztendlich die Meinung Humes vertritt. Faktisch enthalten die Dialoge keine direkte Rede Humes. Einige Zeitgenossen verwiesen bei dieser Frage auf Cleanthes, dem Gewinner des Diskurses. Viele glauben auch, bezüglich der Methodik des Schließens und der Form der Skepsis (obwohl diese nicht mit der von Hume identisch ist) Humes Einstellung in Philo zu finden. Andere wiederum verweisen auf Pamphilus, als einen jungen Hume, der sich erst seine Meinung bilden muss. Die in meinen Augen wahrscheinlichste Auffassung ist, dass

---

[50] Hume (1991): S. 180 (unten)
[51] Hume (1991): S. 185

Hume keinen der Charaktere darstellt[52]. Vielmehr sprechen die Dialoge in ihrem Kern für Hume, wobei er die verschiedenen Einstellungen kritisch gegenüberstellen wollte. Somit ist Humes Position mit allen verbunden. Die Klärung der Position Humes ist eng mit seiner Position zur Religion verwoben, ja schon fast zirkulär. Das vorliegenden Werk unterstreicht eine Haltung, die dem Fideismus ähnelt, also die Vorstellung, dass Religion auf Prämissen beruht, die nicht durch den Verstand sondern Glauben gestützt sind. Im Zusammenhang mit seinen Ausführungen über die das andere Standbein der Religion, die Offenbarung[53], würde ich Humes Einstellung daher als agnostisch bezeichnen, also die Einsicht, dass man nicht sagen kann, ob es einen Gott gibt oder nicht.

4. Zusammenfassung

Im Ende bleibt der Eindruck, ein literarisches Meisterstück gelesen zu haben. Die Form des Dialoges macht dieses philosophische Werk einer viel breiteren Masse zugänglich als zum Beispiel ein Traktat. Obwohl Cleanthes offiziell als Sieger hervorgeht und Philo uns zum Zweifeln gebracht hat, gibt es einen anderen Gewinner. Hume hat nicht die Existenz Gottes mit Blick auf den Atheismus in Frage gestellt. Gerade er weiß um die Beschränktheit des menschlichen Verstandes, solche Fragen zu klären. In meinen Augen ist der philosophische Diskurs an sich das entscheidende Anliegen („freer air[54]"). Also wie Cleanthes und Philo auf die jeweilige Gegenseite eingehen und dabei manchmal selbst ins Nachdenken kommen. Bemerkenswert, dass sie in ihrer Diskussion um die Religion, die ja an sich an bestimmte Grundhaltung appelliert, immer sachlich und auf persönlicher Ebene freundschaftlich bleiben. Denn nur dieser Diskurs ermöglicht es sich in der Tradition von Kapitel 12 „Enquiry concerning Human Understanding" beide Seiten vor Augen zu führen und dann mit Vernunft und Intuition zu entscheiden, um sich von alten Dogmen zu befreien zu können. Daher ist es auch nicht so wichtig, wer nun die Einstellung Humes vertritt, denn der Weg ist das Ziel[55].

Die Frage nach der Natur Gottes kann man nicht in solcher Gewissheit mit der Vernunft erklären. Sie reduziert sich schließlich auf eine Frage des Glaubens. Cleanthes kann in seiner Argumentation diesen Eindruck nicht widerlegen und speziell seine unregelmäßigen Argumente unterstreichen diesen Schluss. Eine vernunftsmäßige Begründung a priori wie auch a posteriori wurden in Zweifel gezogen und als nicht zwingend herausgestellt. Wenn

---

[52] vgl. Spencer (2000)
[53] vgl. „Of miracles"
[54] Hume (1991): S. 91
[55] vgl. Zitat auf dem Titelblatt

man berücksichtigt, dass man sich der natürlichen Religion, die ja die Existenz Gottes basierend auf Erfahrung und Verstand begründen will, widmete, ist dieser Schluss eigentlich vernichtend. War das Urteil des 12. Kapitels doch noch ziemlich versöhnlich, ist es unter diesem Aspekt verheerend. Dies war in meinen Augen auch die Intention Humes. Jedes Werk für sich[56] äußert Kritik und lässt Raum für eine ausweichende Lösung. Doch zusammengenommen stellen sie eine ernstzunehmende Kritik an der Begründung des Glaubens dar. Dies ist Teil Humes Strategie, da er unter dem Eindruck der damaligen Verhältnisse im Bereich Meinungsfreiheit schreiben musste.

Seit dem Abfassen der Dialoge sind einige wissenschaftliche Theorien aufgestellt und empirisch unterlegt worden, die einen teleologischen Gottesbeweis nicht mehr aufrecht erhalten lassen, wie zum Beispiel die Evolutionstheorie. Diese hat Cleanthes schon zum Teil (unbewusst) im Rahmen seiner Argumentation mit Epikurs Materie verwandt, nämlich mit dem ebenfalls zugrunde liegenden Prinzip des Zufalles und der Beständigkeit von stabilen Strukturen. Waren Humes Ausführungen über Epikurs Idee nur gedankliche Experimente zu Statuierung einer gleichwahrscheinlichen Contraposition, wurden nun diese Zweifel durch ernstzunehmende Theorien untermauert. Außerdem wurde den irregulären Argumenten, wie zum Beispiel dem Verweis auf den Aufbau des Auges, mit einer Theorie der Evolution in vielen kleinen Schritten über riesige Zeiträume hinweg, die Kraft genommen. Damit ist die subjektive Wahrscheinlichkeit einer der Ordnung verschiedenen Konzeptes der Schöpfung erheblich gestiegen.

Mit Blick auf diese mögliche Intention Humes kann man (speziell mit Blick auf das Zwölfte Kapitel) wirklich sagen: „nothing can be more cautiously and more artfully written[.]" Denn ohne ein gewisses Maß an Interpretation kann man nicht die Intention des Werkes an sich bestimmen. Um mit den Worten Humes aus dem Anfang der Dialoge zu schließen:

> Any question of philosophy, on the other hand, which is so obscure and uncertain, that human reason can reach no fixed determination with regard to it; if it should be treated at all, seems to lead us naturally into the style of dialogue and conversation. Reasonable men may be allowed to differ, where no one can reasonably be positive. Opposite sentiments, even without any decision, afford an agreeable amusement; and if the subject be curious and interesting, the book carries us, in a manner, into company; and unites the two greatest and purest pleasures of human life, **study and society**.[57]

---

[56] die 3 grundlegenden Werke über Religion (siehe Kontext)
[57] Hume (1991): S. 96 (oben)

Bibliographie

Appelbaum, D. 1996. *The Vision of Hume*. Jacob Needleman ed., Rockport, MA: ELEMENT.

Greig, J. Y. T., ed. 1932. *The Letters of David Hume*. 2 volumes, Oxford: Oxford University Press.

Hume, D. ed. 1991. *Dialogues Concerning Natural Religion*. Stanley Tweyman ed., New York: Routledge.

Hume, D. ed. 1992. *Writings on Religion*. Antony Flew ed., La Salle, Illinois: Open Court.

Logan, B. 1993. *A Religion Without Talking, Religious Belief an Natural Belief in Hume's Philosophy of Religion*. New York: Peter Lang Publishing.

Norton, D. F. 1994. *The Cambridge Companion to HUME*. Cambridge: Cambridge University Press.

Price, J.V. 1991. *David Hume*. Boston: Twayne Publisher.

Spencer, M.G. 2000. The Dialogues Concerning Natural Religion: Hume's Response to the Dogmatic and Intolerant. in *The Western Journal of Graduate Research*. Vol. 9 (1), 1-19 unter http://www.uwo.ca/sogs/academic/The_Dialogues_Concerning_Natural_Religion.pdf